La maison
Дом

Dictionnaire d'images bilingue pour enfants

Français-Bulgare

Richard Carlson

The author would like to thank the translators for their contribution.

La porte

врата

La fenêtre
прозорец

Le canapé

диван

La table basse

масичка

Le tapis

килим

Le salon

хол

Le rideau

завеса

La pendule

часовник

Le tableau

картина

Le fauteuil

фотьойл

La lampe

лампа

Les placards

шкафове

Les fleurs

цветя

La chaise

стол

La table

маса

La salle à manger

трапезария

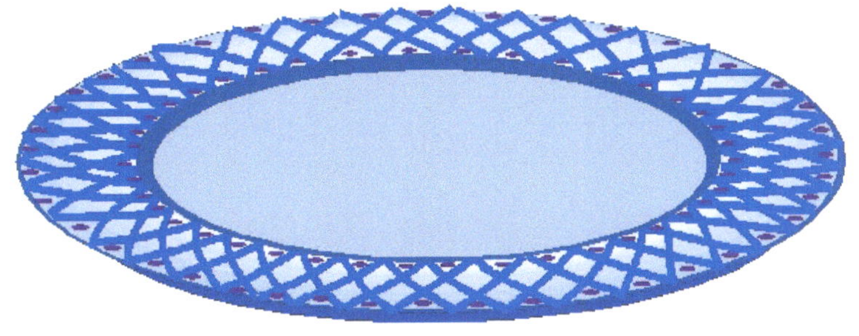

L'assiette

чиния

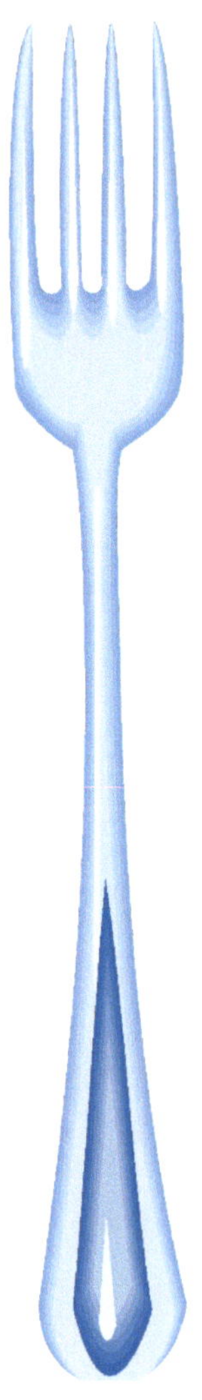

La fourchette
вилица

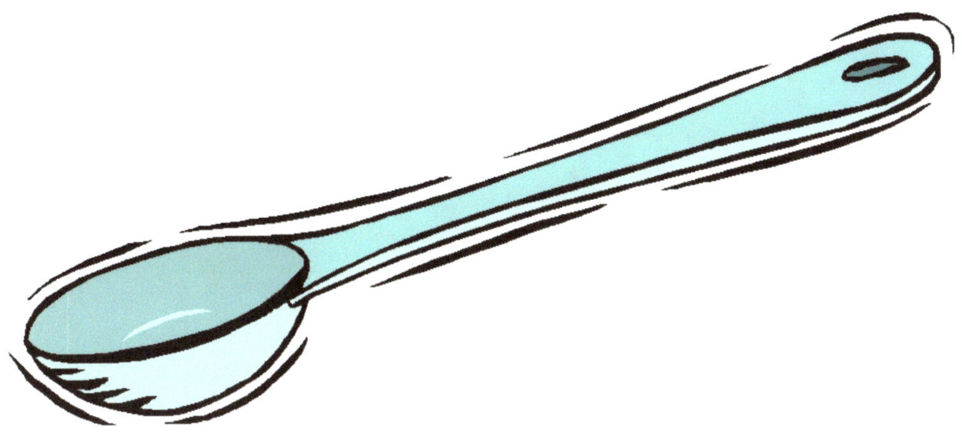

La cuillère

лъжица

Le couteau

нож

Le verre

стъклена чаша

La tasse

чаша за кафе

La cuisine

кухня

Le four

печка

Le réfrigérateur

хладилник

L'évier

мивка

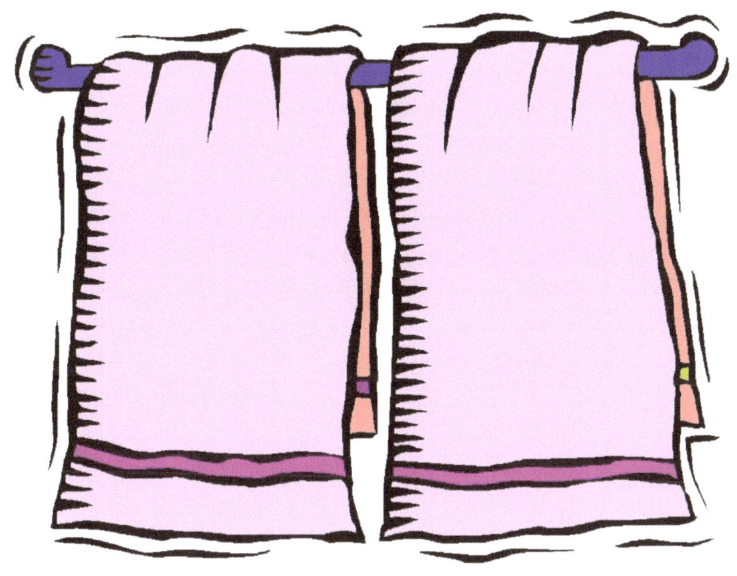

La serviette

кърпа

La baignoire

вана

La douche

душ

La bibliothèque
етажерка за книги

Le lit

легло

La commode
скрин

La chambre
спальня

Le placard

килер

Le berceau

кошара

La radio

радио

Le four à micro-ondes

микровълнова

La poubelle

кошче

Apprenez des choses dans un dictionnaire d'images illustrant la maison.

À propos de l'auteur : Richard Carlson est auteur de livres bilingues pour enfants.
www.richardcarlson.com